OBSÈQUES

DE

M. VERDIER-LATOUR

CONSEILLER A LA COUR IMPÉRIALE DE RION

CHEVALIER DE LA LÉGION D'HONNEUR

ANCIEN MAIRE DE LA VILLE DE CLERMONT

ET ANCIEN BATONNIER DU BARREAU DE CETTE VILLE

CLERMONT-FERRAND

IMPRIMERIE DE PAUL HUBLER, LIBRAIRE

—

1861

OBSÈQUES

DE

M. VERDIER-LATOUR

Les derniers devoirs ont été rendus à M. le conseiller Verdier-Latour, à Riom et à Clermont, avant-hier samedi 27 avril.

Un même sentiment de tristesse régnait dans ces deux villes, entre lesquelles se partageaient, depuis quelques années, les affections et l'existence de M. Latour.

A Riom, la Cour impériale tout entière, en robe rouge, avec ses chefs, ses présidents, ses membres titulaires et honoraires, suivait la dépouille mortelle du défunt : elle était venue le prendre en cette maison hospitalière dans laquelle il ne devait plus rentrer ; après les dernières prières, elle l'accompagnait jusqu'à l'extrémité de la ville, et, s'arrêtant devant une limite qu'elle ne pouvait pas officiellement franchir, elle lui disait un suprême adieu.

Derrière les rangs de la Cour se pressaient les autorités civiles, des magistrats de différents ordres, le barreau, les amis si nombreux enfin de M. Latour, mus par une seule pensée, qu'ils n'avaient pas besoin de se communiquer par la parole, mais qu'ils comprenaient en se serrant la main, en échangeant des regards humides de larmes.

A midi, le char funèbre quittait Riom, escorté par une famille en deuil, par des membres de la Cour qui voulaient accompagner leur ancien collègue jusques au champ du repos ; par de vieux camarades d'enfance, s'efforçant de retarder ainsi l'heure cruelle de la séparation.

A deux heures, le convoi arrivait à Clermont, sur le sol de cette ville que M. Latour a tant aimée, et dont il fut un des meilleurs citoyens : il était accueilli par une population qui ne dissimulait pas ses regrets, et au milieu de laquelle se pressaient, avec les divers corps constitués dont le défunt avait été membre, des hommes et des femmes de tout âge et de tout rang : ils étaient venus là pour acquitter une dette de cœur, car dans la richesse inépuisable de sa loyale et intelligente nature, l'avocat ou l'administrateur, le magistrat ou l'ami, leur avait à tous donné des conseils, ou rendu des services, avec cette spontanéité, cette chaleur, ce désintéressement qui en doublent le prix.

Avant que la terre recouvrît le cercueil, M. Lagrange, premier président de la Cour impériale ; M. Bonnay, maire de Clermont ; M. Montader, bâtonnier de l'ordre des avocats ; M. le comte Martha-Becker, membre du Conseil général, sont venus tour à tour, dans un noble langage, et d'une voix que l'émotion faisait trembler, dire ce qu'avait été le magistrat, l'ancien Maire de la Cité, l'ancien avocat, l'ancien membre des assemblées électives, et payer un légitime tribut aux éminentes qualités de l'homme public, au cœur d'or de l'homme privé !

Et leurs paroles étaient religieusement écoutées, avidement recueillies ; et quand ils faisaient à différents points de vue l'éloge de M. Latour, une foule sympathique inclinait la tête en signe d'assentiment, et nous entendions autour de nous ratifier à voix basse, le jugement que d'autres prononçaient tout haut : la voix du peuple, en pareille circonstance, c'est bien certes la voix de Dieu.

A ces témoignages de sympathie venait cependant se joindre le regret que cette carrière si noblement employée ait été brisée quand elle pouvait se prolonger encore de quelques derniers beaux jours.

Respectons les décrets de la Providence, qui appelle l'ouvrier au repos et à la récompense quand il a dignement rempli sa tâche.

Si la véritable mission de l'homme ici-bas, c'est d'être le fils de ses œuvres, de gravir chaque échelon par un labeur quotidien, d'élever son esprit et son cœur au niveau d'une fortune qui grandit; si nous devons nous montrer plus heureux du service rendu que ceux auxquels on le rend; si notre présence à maint foyer où nous venons, en les partageant, augmenter chaque joie, alléger chaque douleur, doit être saluée comme une bienvenue; si à notre dernière heure nos paupières doivent être closes par des enfants chéris et dignes de nous; si nous devons enfin, après l'avoir invoqué avec confiance, nous endormir dans les bras d'un Dieu de justice et de clémence; si, dis-je, religieusement accomplir toutes ces œuvres, recevoir toutes ces consolations est le but de la vie, il n'est pas, que je sache, d'existence plus complète que celle de M. Verdier-Latour!

Et si encore de notre tombe s'élèvent, comme l'encens destiné à rendre propice le juge suprême, des regrets partis du cœur, des larmes qui ont coulé silencieuses sous l'abri des voiles, de muettes prières, des sanglots qui, de la poitrine gonflée, viennent expirer sur les lèvres, ah! tout en respectant de légitimes douleurs, conséquence d'une séparation momentanée, ne plaignons pas le sort de M. Latour, et demandons à Dieu de vivre comme il a vécu et de mourir comme lui!

E. Assezat de Bouteyre.

Discours de M. Lagrange, premier président de la Cour impériale de Riom.

Messieurs,

Je ne veux pas laisser cette tombe se fermer, sans dire un dernier adieu à l'homme de cœur, à l'excellent collègue qu'elle va nous ravir, sans manifester une fois de plus la haute estime que nous avions pour lui et les regrets profonds que sa mort nous inspire.

On ne pouvait approcher M. Verdier-Latour sans se sentir attiré vers lui par de vives sympathies, et, bien que nouveau venu dans ce pays, je partageais avec bonheur l'amitié que vous lui avez vouée, vous, Messieurs, qui l'avez connu et aimé depuis longtemps.

C'est qu'on ne vit jamais meilleure nature, et qu'il y avait en lui ce qu'on a pu appeler un cœur d'or. Tout partait chez lui de ce foyer chaleureux et vivifiant. Noblesse des sentiments et du caractère, largeur des vues et des idées, vivacité du langage, générosité dans les actions, constance et solidité dans les affections, toutes ces qualités qui faisaient le charme et la sûreté de son commece prenaient leur source dans les inspirations de son cœur.

Ainsi s'expliquent les succès et les sympathies qu'il s'est conciliés dans toutes les phases de son active et utile carrière.

Avocat, nul n'apporta plus de zèle et de fermeté dans la défense des causes qu'il avait acceptées ; nul, en même temps, ne conserva vis-à-vis de ses clients plus d'indépendance et de liberté d'appréciation.

Maire ou attaché à un titre quelconque à l'administration municipale, vous savez, et une voix plus autorisée que la mienne sous ce rapport vous rappellera bientôt les services qu'il a rendus à cette Cité, objet de sa constante et patriotique prédilection. Comment oublier la vigueur et la fermeté que souvent, au milieu de difficultés et de périls qui eussent fait fléchir d'autres caractères, il mit au service de l'ordre et de la paix publique ? L'Auvergne, qui a été féconde en enfants dévoués, conservera, j'en suis certain, une place à M. Verdier-Latour parmi les hommes distingués qu'elle entoure de sa reconnaissante popularité.

Magistrat, il n'a trouvé dans l'exercice de ses fonctions qu'une nouvelle et plus large carrière pour satisfaire son amour de la justice et de la vérité. Il a été, pendant les dix années qu'il a passées dans les rangs de deux grandes compagnies judiciaires, un modèle de dévoûment sans réserve à ses devoirs et de zèle pour le bien public.

Nous ne perdons pas seulement en lui un collègue dont le discernement exercé et le vif sentiment de l'équité offraient de précieuses ressources pour l'administration de la justice, nous perdons un ami sûr, un homme aimable, toujours prêt à obliger, nous donnant constamment l'exemple de cet esprit de sociabilité, de cette courtoisie cordiale qui, dédaignant l'esprit de coterie et s'inspirant de sentiments élevés, tend à rapprocher les divers éléments de la société, et à donner aux mœurs, par le respect des convenances, la dignité simple des habitudes et l'affabilité des manières, un ton général d'urbanité, de bienveillance et de distinction véritable. On se sentait heureux de serrer la main qu'il offrait avec tant de franchise.

Adieu, mon bon et cher collègue ! Vous vous êtes acheminé au repos éternel avec la conscience d'une irréprochable loyauté et des intentions toujours droites qui ont animé votre vie, assuré du témoignage consolant et flatteur que cette assemblée vous donne par sa présence et par son émotion. Vous êtes mort en honnête homme et en chrétien.

Cette pensée adoucira l'amertume de notre séparation, et nous fera quelquefois lever les yeux au ciel, en pensant à vous. Adieu !

Discours de M. Bonnay, maire de la ville de Clermont.

Messieurs,

Nous venons à ce triste rendez-vous pour recevoir la dépouille mortelle de M. Verdier-Latour; nous remercions son fils et nos voisins de la ville de Riom, nous remercions MM. de la Cour impériale de nous confier ce précieux dépôt, qui reposera désormais parmi nous, au sein de cette commune que M. Latour a si longtemps administrée et qu'il a tant aimée.

Nous vivons dans un moment de cruelles épreuves! Les hommes qui font l'orgueil et la gloire de notre pays sont moissonnés avant le temps, et notre ville, à peine reposée de ses douleurs récentes, pleure encore aujourd'hui la perte d'un de ses enfants les plus chers.

Une voix plus habile vous a dit les services de M. Verdier-Latour comme jurisconsulte et comme magistrat; laissez-moi vous rappeler en quelques mots ce qu'il était comme homme et comme ami. Eh! que vous dirai-je encore que vous ne sachiez vous-mêmes? Quel est celui d'entre nous qui n'a pas reçu de lui un service gracieux, un conseil amical, une parole affectueuse, un avis salutaire, un témoignage d'obligeance ou un acte de dévoûment?

Vous, Messieurs, qui avez vécu auprès de lui, qui l'avez suivi dans sa carrière judiciaire, vous n'avez pas oublié la facilité de ses relations et l'égalité de son caractère qui ne se démentait jamais. Vous vous souvenez encore de la bienveillance avec laquelle il accueillait ses jeunes confrères et de quel aimable patronage il les appuyait. Nous pouvons le dire, la reconnaissance était facile avec lui, tant il prodiguait généreusement son obligeance.

Nature d'élite, M. Verdier-Latour avait toutes les qualités du cœur; charitable à l'excès, mais sans faste et sans ostentation, il pratiquait cette charité modeste qui puise sa récompense dans le sentiment même du bienfait qu'elle accomplit.

Dévoué avec enthousiasme à ses amis, il avait pour ceux qu'il affectionnait cette amitié robuste que rien n'ébranle et qui ne connaît pas de limite ; aussi, en présence d'un plaisir à procurer ou d'un service à rendre, son cœur ardent ne connaissait plus d'obstacle, son inépuisable dévoûment l'entraînait pour ne s'arrêter que devant le service rendu.

Attaché depuis 1830 à l'administration municipale, il n'a cessé de lui prêter le plus utile concours comme conseiller ou comme adjoint jusqu'en 1842, époque où il fut nommé Maire de Clermont. C'est alors que son aptitude administrative se fit jour, car il apportait dans les conseils de la cité cette justesse de vues et d'appréciations, cette connaissance des hommes et des choses qu'il possédait si bien. Nous lui devons plusieurs établissements d'une grande importance, et lors de sa retraite en 1848 il avait signalé déjà de notables améliorations que les circonstances ne lui permirent plus de réaliser.

Enfin, lorsque le choix du souverain l'eut appelé à siéger dans une Cour impériale et qu'il fut obligé de s'éloigner tristement de nous, ses concitoyens, rendant hommage à son administration paternelle, le conservèrent au Conseil municipal, où sa place a toujours été respectée comme celle du plus digne et du plus regretté.

Heureuses les populations qui savent encore se souvenir, et chez lesquelles les vertus civiques et les sentiments de reconnaissance ne sont pas éteints !

M. Latour n'était pas pour moi seulement un prédécesseur, il était l'ancien ami de ma famille, lié avec elle d'une étroite et inaltérable amitié ; et dans cette enceinte funèbre où chacun de nous trouve des regrets et des larmes à donner, je ne puis me souvenir sans une émotion douloureuse qu'il y a bientôt onze ans, lui aussi disait un éternel adieu sur une tombe qui m'est chère ! Je ne songeais pas alors qu'un jour, devenu son successeur, je pourrais à mon tour m'acquitter de cette pieuse et triste dette.

Je m'arrête, Messieurs ; je ne veux pas prolonger la douleur du fils en vous parlant plus longtemps du père ; élevons religieusement dans nos cœurs un monument à la mémoire de M. Latour, et que le souvenir de ses rares qualités demeure à jamais un encouragement pour quelques-uns et un précieux exemple pour tous.

Discours de M. le comte MARTHA-BECKER, *membre du Conseil général du Puy-de-Dôme.*

MESSIEURS,

S'il y a des époques fatales dans la vie, ce sont celles où, dans un moment donné, le vide semble se faire partout autour de nous, où toute une génération d'amis et d'hommes distingués disparaît à la fois dans le même pays, dans le même cercle, dans le même temps. Il y a peu de jours, nous pleurions ici un des citoyens les plus honorables du département, et aujourd'hui c'est son ami, c'est le nôtre que nous venons de conduire à cette dernière demeure, qui réclame à de si courts intervalles tant d'objets de nos affections.

Issu d'une famille ancienne et honorée de l'Auvergne, M. Verdier-Latour a été avocat, membre du Conseil municipal et Maire de Clermont, Conseiller général et Conseiller à la Cour ; toutes ces fonctions il les a remplies avec une rare intelligence, sans que jamais aucune considération ait pu ralentir un seul instant son dévoûment à la chose publique. Vous venez d'entendre des voix éloquentes payer un véridique et légitime tribut d'éloges aux qualités qui distinguaient le jurisconsulte, l'homme public et l'homme privé. Qu'il me soit aussi permis d'ajouter, quoique étranger à la science de la jurisprudence, qu'en maintes occasions j'ai été à même d'apprécier la rectitude de jugement, la sagacité d'esprit de l'homme chez qui l'on se rendait de toutes parts pour demander

un service ou un conseil. Cette sagacité n'était pas moins re-
marquable dans les affaires administratives que dans le domaine
judiciaire. Dans les conseils de la ville et du département,
Latour possédait ce que l'on peut appeler l'autorité de la parole. Tous ceux qui ont siégé près de lui se rappellent quelles
clartés cet esprit lumineux répandait sur toutes les questions
d'administration, de finances et d'économie politique. Né sous
le Directoire, élevé pendant les guerres de l'Empire, appelé
comme volontaire sur les frontières lors de nos désastres,
Latour s'est formé lui-même ; son éducation s'est faite, ses
connaissances se sont complétées dans la pratique constante des
affaires publiques et particulières. La jeunesse de nos jours,
qui a grandi dans un temps plus calme, qui s'est instruite
avec un ensemble de méthodes perfectionnées et au milieu de
soins incessants, ne sait point assez tout ce que ses pères ont
eu de labeurs à poursuivre, d'obstacles à vaincre pour devenir
des hommes. Notre ami était un de ces hommes d'action qui
ne connaissent ni les fatigues ni les obstacles, qui se jettent
résolument dans la lutte comme dans le travail, dès que les
intérêts du pays l'exigent.

En 1842, les esprits étaient encore surexcités à la suite du
mouvement populaire qui a marqué parmi les événements né-
fastes du département. En ce moment difficile, M. Latour se
charge du lourd fardeau de la Mairie de Clermont, et durant
plus de six années il administre cette ville importante avec au-
tant de fermeté que de sagesse. La période de son administration a été signalée par ce singulier concours de circonstances,
qu'elle s'est trouvée encadrée entre une émeute sanglante et
une révolution sociale, entre les troubles du recensement de
1841 et la catastrophe de 1848. Dans cette dernière crise, où
tout fut mis en péril, le Maire dut céder aux événements;
mais la considération publique ne lui fit pas défaut à cette
époque d'agitation et de désordre. Lorsque peu d'années après
il fut appelé du Barreau de Clermont à la Cour de Rennes,

tous les témoignages de sympathie lui furent prodigués, et ces témoignages redoublèrent lorsque, sur sa demande de revenir dans son pays natal, il eut passé de la Cour de Rennes à celle de Riom.

Vous rappellerai-je toutes ses qualités d'homme privé et d'homme du monde, sa noble hospitalité, son goût pour les arts, cette obligeance sans borne, ce caractère sûr, cette volonté inflexible dans l'accomplissement de tous ses devoirs? Emule et ami d'enfance du président Dessaigne, qui ne l'a précédé que de quelques semaines dans la tombe, il jouit, comme lui, d'une grande popularité. Leurs qualités n'étaient pas du même ordre; mais ils se ressemblaient par le dévoûment au bien, par la droiture du cœur. Nature douce, esprit fin, M. Dessaigne attirait dès l'abord; caractère un peu absolu, mais sans jamais blesser, esprit pratique et positif, M. Latour gagnait peu à peu l'estime à mesure qu'on apprenait à le connaître, et la sympathie ne tardait pas à suivre l'estime.

Il ne m'appartient pas de m'étendre sur les sentiments de tendresse qu'il portait à son fils, sur le bonheur qu'il éprouvait à le voir représenter si dignement la France chez les nations étrangères. Ses derniers moments, qu'il a envisagés sans crainte et en chrétien, ont été adoucis par la présence de ses enfants, accourus du fond de l'Angleterre à la première nouvelle du danger, et à qui Dieu a permis d'arriver à temps pour lui fermer les yeux.

Vous, son fils chéri, objet constant de ses préoccupations, vous en qui nous aimons à retrouver le souvenir de celui qui laisse tant de regrets parmi nous, recevez, avec le dernier adieu que nous adressons sur cette tombe, le témoignage de la douleur de tout un pays. Vous recueillez le plus bel héritage qu'un père puisse léguer à ses enfants, celui de l'estime publique et d'une mémoire vénérée !

Discours de M. MONTADER, *bâtonnier de l'ordre des avocats près le tribunal de Clermont.*

MESSIEURS,

Je viens, au nom du Barreau, payer à la mémoire de M. Verdier-Latour un juste tribut d'estime, de respect et de regrets. Ce n'était pas assez de l'affluence qui se presse à ses funérailles, de ces amitiés fidèles venant disputer à la tombe un dernier souvenir; ceux qui ont suivi M. Verdier-Latour ou qui lui ont été associés dans les diverses carrières qu'il a si dignement parcourues, devaient apporter aussi leurs témoignages, rappeler les titres et l'origine de cet héritage d'estime et de reconnaissance qu'il laisse à sa famille comme un impérissable honneur et une douce consolation.

L'ordre des avocats ne pouvait manquer à ce pieux devoir. M. Verdier-Latour s'est, pendant de longues années, consacré à l'exercice de notre profession. Il lui avait donné la plus grande part de sa vie, et, en retour, elle lui avait donné cette puissance de travail, cette conscience du droit, cette sûreté de méthode et de jugement qui l'ont toujours distingué. Les qualités heureuses, les aptitudes diverses qui se sont révélées dans les nombreuses fontions qu'il a remplies, n'étaient, comme il le disait lui-même, que des rayons épars sortis de ce foyer des premières études et des premières inspirations.

Aussi il aimait sa profession comme on aime les souvenirs de sa jeunesse, il lui rapportait ses succès; elle avait été pour lui un puissant auxiliaire dans les jours de lutte, un refuge assuré dans les jours difficiles. Enfin, elle avait préparé cette élévation dernière, qui, en lui ouvrant les rangs de la magistrature, avait justement récompensé trente années de désintéressement, de travail et de probité.

M. Verdier-Latour faisait partie de cette génération qui fit son entrée dans la vie à une époque où le pays se recueillait dans un suprême effort pour sauver sa nationalité menacée. Il fut mêlé aux luttes, aux idées, aux passions viriles de cette époque, et il avait conservé de ses impressions premières un vif sentiment de patriotisme, un esprit de décision rapide, une activité de cœur et d'intelligence qui ne connut jamais ni l'indifférence ni les irrésolutions.

Ces dispositions, il les apportait dans ses relations privées, dans l'exercice des fonctions publiques et dans l'accomplissement de ses devoirs professionnels. Ami dévoué, administrateur consciencieux et éclairé, magistrat intègre, il a laissé parmi les membres du barreau, qui l'ont plusieurs fois placé à leur tête, le souvenir d'une grande aptitude unie à une grande loyauté.

M. Verdier-Latour se préoccupait avant tout de l'autorité de la règle. Une expérience précoce lui avait appris que, dans l'application si difficile du droit, il était souvent dangereux de céder à l'entraînement des idées générales, aux inspirations qui tendent à affranchir le juge des prescriptions rigoureuses mais salutaires de la loi écrite. Il considérait cette loi avec sa moralité sévère et inflexible comme le guide assuré du jurisconsulte et comme la conscience même du magistrat. Pénétré de cette vérité, il apportait aux débats une logique pressante, énergique, dédaigneuse des ornements étrangers ; il allait droit au but et entraînait souvent la conviction. Quant à l'instruction des affaires, nul ne s'en occupa avec un soin plus scrupuleux, un zèle plus attentif et plus éclairé ; rien n'échappait à ses laborieuses et patientes investigations. Il réalisait pour nous l'idéal de l'avocat utile, s'oubliant lui-même pour ne songer qu'à la défense des intérêts qui lui étaient confiés.

Ses tendances un peu absolues et les discussions quelquefois passionnées de l'audience n'avaient jamais altéré les rapports affectueux qu'il entretenait avec tous les membres de l'ordre.

Il avait surtout pour les jeunes gens une bienveillance inépuisable; il écoutait leurs plaintes, les rassurait ou les consolait en leur donnant les conseils de son expérience. Qu'il me soit permis de quitter un moment le langage officiel pour le remercier avec toute l'effusion de mon cœur de l'accueil qu'il m'a fait au début de la carrière, des encouragements qu'il m'a prodigués aux heures de tristesse, de doute et de défiance, si fréquentes dans l'exercice de notre profession.

Il était doué d'une activité infatigable; chez lui la pensée touchait à l'action. La nature l'avait formé pour être utile, et il n'a pas manqué à cette vocation.

Pendant trente ans nous l'avons vu chaque jour accomplir sa tâche avec une constance et un dévoûment qui ne se sont jamais démentis, mêlant les études de l'avocat aux travaux de l'administrateur, apportant au milieu de ses préoccupations une sérénité qui s'animait parfois au souffle de la contradiction, mais qui reprenait vite le dessus et lui inspirait toutes ses résolutions.

Il avait, comme nous tous, traversé quelques épreuves pénibles, conséquences nécessaires d'une profession qui froisse tant d'intérêts et agite tant de passions. Son caractère n'en fut jamais atteint, son esprit n'eut point de faiblesse, son cœur point de défaillance; et lorsqu'il vint s'asseoir au siége du magistrat, il put le faire sans crainte : il n'avait rien à répudier dans son passé, qui avait toujours été sans reproches.

Cet honneur mérité a couronné dignement sa carrière : il s'est éteint doucement dans l'estime et l'affection de ses collègues. Mais à l'heure où l'âme se dégage sous la froide et mystérieuse étreinte de la mort, il a tourné ses regards vers la cité qui lui était si chère, il a voulu reposer dans cette terre d'adoption, auprès de ceux qu'il avait aimés. Ah ! si l'âme renferme dans le secret de sa nature infinie cette lueur divine qui éclaire en s'élevant tous les espaces qu'elle a parcourus, si de la région sereine où il est placé il assiste à nos tristes adieux, qu'il recueille à la fois notre sympathie désolée, nos regrets et nos larmes, comme le dernier écho d'un monde où il vivra toujours par le souvenir.

(Extrait du *Moniteur du Puy-de-Dôme*. — Avril 1861.)